MANUEL

DU

RÉPUBLICAIN

MANUEL

DU

RÉPUBLICAIN

OU

ABRÉGÉ DES PRINCIPES DE LA POLITIQUE

A L'USAGE

DE TOUTES LES CLASSES DE LA SOCIÉTÉ

PAR M. CHAMBONNAU, Avocat à Moissac

MONTAUBAN

CHARLES FORESTIÉ FILS, IMPRIMEUR, PLACE NATIONALE

1848

PRÉFACE.

L'éducation du Peuple n'est pas encore faite;
surtout, il n'entend rien à la Politique. C'est pour
cela qu'il a été si facile de l'égarer avec des mots
séduisants. Le Peuple a de nobles instincts, mais
on l'empêche de suivre ses généreuses inspirations.
En ces derniers temps, il a eu, comme les Rois,
ses courtisans et ses flatteurs.... Tant d'hommes
qui voulaient s'élever lui ont dit : « *Vous seul*
« *êtes fort et puissant!* » il a voulu exercer sa
force et sa puissance. « *On a tout fait* PAR *vous*
« *et* POUR *vous !* » il a voulu jouir de ce qu'on
avait fait *pour* lui. Il a demandé ce qu'on avait
fait; il a trouvé : *Rien, rien, rien*. Il n'a pas
trouvé sa part faite; et il a voulu se la faire.
On l'a soulevé au nom du travail. L'ouvrier croit

que *lui* seul est le *Peuple*, et il n'a pas tort : les orateurs des Clubs le lui ont dit implicitement, et il a demandé du travail comme une dette incontestable. Aussi je *plains*, mais ne condamne pas, les ouvriers de Limoges, de Lyon, de Paris. Ils sont *logiques ;* leurs flatteurs sont les seuls coupables.

Je crois donc être utile en publiant un abrégé des principes de la Politique, mis à la portée de toutes les intelligences. Les ignorants apprendront, les hommes instruits aimeront à se ressouvenir. J'écris notamment pour le Peuple : il a besoin de connaître ses *droits*, et surtout ses *devoirs*. Heureux si je pouvais le prémunir contre ces erreurs fatales qui le rendent l'instrument des faiseurs de Révolutions !!!

Ce Manuel était destiné à paraître avant les élections. Il n'a pas été possible de l'imprimer à cette époque. Mais s'il n'a pas l'intérêt piquant de l'actualité, il lui restera toujours celui du fond, celui de l'importance de la matière, et de la pureté des intentions.

V.-A. CHAMBONNAU, *Avocat.*

MANUEL DU RÉPUBLICAIN

OU

ABRÉGÉ DES PRINCIPES DE LA POLITIQUE.

CHAPITRE PREMIER.

NOTIONS PRÉLIMINAIRES.

Définition de tous les termes usités en Politique.

D. Qu'est-ce qu'un Gouvernement?

R. C'est la manière dont un État est constitué; la forme de cet État dans l'ordre politique; la nature des lois qui régissent cet État.

D. Combien y a-t-il de formes de Gouvernements?

R. 1° Le Monarchique, dans lequel un seul homme gouverne l'État, d'après des lois établies, et qu'il n'a pas le droit de violer.

2° Le Despotique, dans lequel un seul gouverne sans autres lois que ses caprices, ses passions ou ses volontés.

3° Le Républicain, dans lequel le Peuple est le seul Souverain, et duquel tout émane.

4° L'Aristocratique, dans lequel quelques hommes, ordinairement les riches et les nobles, sont à la tête du Gouvernement.

D. Quel est le meilleur des Gouvernements?

R. Un grand écrivain a dit : « Le Gouvernement Républicain est pour les cieux; le Monarchique pour la terre; le Despotique pour les enfers. » A l'égard de l'Aristocratique, ce mot signifie Gouvernement excellent.

De là, il résulte que le Gouvernement Républicain est préférable à tous les autres, et que c'est celui qui convient le mieux à la dignité de l'homme.

D. Quel est le principe des divers Gouvernements?

R. Dans les Monarchies, c'est l'honneur; dans le Despotique, la soumission et l'obéissance; dans la République, la vertu.

D. Qu'entendez-vous par vertu politique ?

R. C'est ce noble sentiment qui fait préférer l'intérêt public à l'intérêt particulier; ce désir de procurer la félicité de tous aux dépens même de la nôtre; cette modestie qui nous fait céder nos emplois à ceux qui en sont plus dignes que nous; cette délicatesse qui fait que le Magistrat n'aime que la justice, qui est due à tous, et qu'il rend à tous, même contre ses parents et ses meilleurs amis; cette vraie dignité du Magistrat qui le rend recommandable par lui-même, et non par son arrogance et son orgueil; ce noble désintéressement qui empêche de désirer les emplois uniquement pour leurs traitements, mais pour être utile à sa Patrie.

Voilà ce qu'on appelle vertu politique.

D. A quel caractère reconnaît-on un Gouvernement despotique?

R. Le despote ne connaît d'autre loi que sa volonté. Les biens de ses sujets semblent lui appartenir. Il foule aux pieds toutes ses promesses; il établit à son gré tous les monopoles et tous les impôts. Il les augmente au gré de ses caprices, et sans consulter la Nation ou ses Représentants. Il corrompt ces derniers, les achète ou les intimide, pour leur faire approuver les actes les plus iniques. Il promet aux Peuples toutes les libertés, et il les confisque toutes. Il se pare des dehors de l'amour de la Patrie pour mieux l'opprimer.

Enfin, les Nations se lassent, et elles brisent les despotes qui les ont d'abord trompées pour mieux les asservir.

D. Qu'est-ce que la Politique?

R. Ce mot dérive d'un autre qui signifie *Citoyen;* c'est l'art de gouverner un État. Cet art ne doit tendre qu'à faire le bonheur des Peuples.

D. Qu'est-ce qu'un Citoyen?

R. Ce mot signifie primitivement un membre de la cité; et, dans un sens plus large, le membre d'un État dans lequel le Peuple est Souverain.

D. Qu'est-ce qu'un Gouvernement Démocratique.

R. Démocratie signifie *Peuple* et *Puissance*. C'est celui dans lequel le Peuple est le seul Souverain. Chacun de ses membres, le riche comme le pauvre, le noble comme le berger, est membre du Souverain. Chaque citoyen a le droit d'exercer sa part de souveraineté, par lui ou par ses Représentants.

D. Qu'est-ce qu'une Constitution?

R. Dans une Monarchie, c'est un contrat synallagmatique entre le Peuple et le Souverain.

Dans une République, c'est un acte qui règle la nature et la forme du Gouvernement, les droits du Peuple et ses devoirs. Dans tous les Gouvernements, le Peuple a, seul, le droit de la *dicter* ou de l'*approuver*.

CHAPITRE II.

Droits de l'Homme en société. — De la meilleure forme de République.

D. Quels sont les droits de l'Homme en société?

R. Ils se résument tous en ces deux : Égalité, Liberté. Celle-ci découle de la première.

D. Qu'est-ce que l'Égalité?

R. C'est ce droit en vertu duquel nul homme n'est plus qu'un autre. Par l'Égalité, nous avons les mêmes droits que les autres citoyens. Aucun homme ne nous est supérieur. Nous avons droit à la même justice, à la même juridiction. Nous pouvons aspirer et prétendre à tous les emplois, moyennant capacité suffisante. Les impôts sont également répartis. Tous les privilèges de caste ou de naissance sont éteints.

D. Qu'est-ce que la Liberté?

R. C'est un droit sacré, en vertu duquel chaque Citoyen peut faire tout ce qui ne nuit pas à autrui.

De là il suit que toute loi prohibant autre chose que ce qui est nuisible, est une loi despotique et révoltante.

D. Qu'est-ce que la Propriété?

R. C'est le droit de disposer de sa chose de la manière la plus absolue, pourvu qu'on ne nuise pas à autrui.

D. Les lois peuvent-elles modifier le droit de Propriété?

R. Elles ne doivent pouvoir le modifier qu'en matière de succession, pour défendre aux pères de déshériter complètement leurs enfants. Dans tout autre cas, elles doivent laisser une liberté complète, à peine d'injustice.

D. Qu'est-ce qu'une République?

R. Ce mot signifie chose publique : c'est le *Gouvernement de tous.*

D. Combien y a-t-il de formes de Républiques?

R. Il y en a de plusieurs sortes. Les principales sont :

La République *une* indivisible; la seconde, la République *fédérative.* La Républigue *une* est gouvernée par un ou plusieurs chefs délégués par le Peuple; ces chefs gouvernent toute la République.

La *fédérative* consiste dans plusieurs États unis entre eux par une loi commune et dans un sentiment commun de conservation. Mais chacun de ces États a son administration particulière, et se régit conformément à sa volonté. Chaque État n'est qu'un membre de la grande Famille.

D. Quelle est la forme préférable entre la République *une* et la *fédérative.*

R. Tout pouvoir aspire au Despotisme : c'est là le faible de l'homme. Dans la République *une*, le Président ou le Consul peut désirer de devenir Roi; souvent il y réussit. En Angleterre, Cromwel commença par être *Protecteur*, il finit par être tyran.

En France, Buonaparte fut d'abord Consul temporaire; puis Consul à vie; enfin, il se fit Empereur. Il trouva des flatteurs qui secondèrent tous ses instincts de despotisme.

La République fédérative a un grand avantage : elle détruit ou prévient la centralisation. Elle em-

pêche que tous les États ne soient dominés et absorbés par un seul. Si l'un d'eux tend au despotisme, la résistance des autres rend ses efforts
impuissants.

D. Conviendrait-il d'avoir un chef héréditaire?

R. Non. 1º Il pourrait usurper le Pouvoir souverain;
2º il y aurait contre-sens dans un tel Pouvoir qui
ne serait pas électif; 3º dans l'*état* des idées, Paris
pourrait imposer à la France un homme turbulent, un communiste, un démagogue, un homme
qui bouleverserait notre malheureuse Patrie. Il est
sage d'attendre encore, et de prononcer, quand
l'ochlocratie ne dominera plus.

D. Qu'entendez-vous par centralisation?

R. C'est un système en vertu duquel toute la province
est sous la puissance, sous l'autorité de la Capitale.
Les villes, les départements, ne peuvent *rien faire,
rien délibérer*, qui ne soit soumis au contrôle et à
l'approbation de la Capitale.

D. Quels sont les principaux inconvénients de la centralisation?

R. 1º Que la province est sous le joug de Paris;
2º que Paris n'approuve que ce qui est conforme
à ses intérêts; 3º qu'il sacrifie les départements à
son bien-être personnel; 4º que tout ce qui inté-
resse la France est discuté et délibéré à Paris,
sans égard aux intérêts locaux; que tous les arts
et tous les artistes croient ne pouvoir exister qu'à

Paris ; que cette ville est le réceptacle de tout ce que la province a d'oisif et de turbulent ; 5° enfin, que Paris est, depuis soixante ans, l'arbitre et le régulateur de la France, à laquelle il impose ses caprices, ses convenances, et jusqu'à ses Révolutions !

D. Quel serait le moyen d'éviter l'oppression du Peuple dans une République ?

R. 1° De bonnes lois, très-morales, et sévères contre les tendances au despotisme ; 2° l'établissement de tribuns.

D. Qu'est-ce qu'un tribun ?

R. C'étaient, à Rome, des magistrats nommés par le Peuple, dans son intérêt. Ils étaient chargés de veiller pour lui, de l'avertir des dangers qui menaçaient sa liberté, de le représenter dans les grandes occasions, et de lutter contre les mauvais projets des chefs de la République : ce qui arrivait fréquemment, et arrivera toujours dans les Gouvernements Républicains.

CHAPITRE III.

Des Clubs.

D. Qu'est-ce qu'un Club ?

R. C'est une réunion publique, où les Citoyens vont délibérer sur leurs droits et sur leurs intérêts.

Le Peuple, qui ordinairement n'est pas très-éclairé sur la Politique, est dirigé par un Président, et quelques autres membres qui lui sont adjoints.

D. Les Clubs ont-ils droit de délibérer?

R. Il n'y a pas de doute. Chaque homme étant membre du Souverain, toute réunion d'hommes a le droit d'exprimer et de formuler ses désirs et ses volontés, en tant que cela se rapporte à l'intérêt de tout le Corps.

Il suit de là que toute puissance qui les interdirait ferait acte de despotisme, ou bien changerait la forme du Gouvernement.

Il s'ensuit encore que les Clubs, isolément ou collectivement, ont le droit d'adresser des observations et des remontrances aux Représentants que la France aura à Paris.

D. Quelle est leur utilité?

R. De rapprocher les Citoyens; de leur apprendre leurs droits et leurs devoirs communs; d'établir entre eux des relations fréquentes qui font naître les affections.

D. Quels sont leurs devoirs?

R. De n'agiter que des questions de politique générale et d'intérêt commun; de délibérer sagement, mûrement, avec calme et dignité; de formuler avec modération toutes leurs demandes et l'expression de tous leurs vœux; enfin, de ne jamais se préoccuper de leurs intérêts personnels.

CHAPITRE IV.

Des droits électoraux.

D. Qu'entendez-vous par Élection?

R. C'est un acte par lequel le Peuple Souverain choisit ses Fonctionnaires, ses Magistrats ou ses Représentants.

D. Qu'est-ce que un Électeur?

R. C'est un homme qui a le droit de voter aux Élections. Il faut qu'il ait vingt-un ans; qu'il soit Français, jouissant des droits civils, et résidant dans la commune au moins depuis six mois.

D. Qu'est-ce qu'un Éligible?

R. Tout homme qui, âgé de vingt-cinq ans, remplit les mêmes conditions imposées pour être Électeur, sauf la résidence dans telle ou telle commune.

D. Comment se fait le vote?

R. Il y a le vote direct : c'est celui dans lequel tout Citoyen vote par lui-même, et nomme directement ses Magistrats ou ses Députés;

L'élection à deux degrés, par laquelle le Peuple nomme d'abord des Électeurs, qui, à leur tour, vont élire les Magistrats ou les Députés.

D. Quelle est la meilleure forme d'élection?

R. Celle qui se ferait dans chaque commune, d'où les votes seraeint portés au chef-lieu d'arrondissement. Par cet ordre, tous les Citoyens voteraient, et l'on aurait le vœu du Peuple.

Appeler les votants au chef-lieu de canton, c'est s'exposer à n'en avoir qu'une faible partie, surtout les jours de fête solennelle. Alors on n'a pas le vœu de la Nation, puisqu'on multiplie les impossibilités.

L'Élection à deux degrés serait aussi préférable. Chaque commune nommerait deux ou plusieurs Électeurs, lesquels iraient ensuite voter sans la moindre confusion.

D. Quel doit être le choix du Peuple dans ses Députés?

R. Il doit choisir des hommes d'un âge mûr, éclairés sur le droit public et sur les intérêts nationaux. Il faut qu'ils soient vertueux, c'est-à-dire sans ambition aucune, et n'allant à l'Assemblée Constituante que *pour nous*, et non *pour eux*.

D. Les chefs de l'État ont-ils le droit d'intervenir dans les Élections et d'y exercer quelque influence?

R. Ce droit est incontestable, parce qu'il découle de la Liberté. Mais le Peuple a le droit contraire, et celui de n'accepter aucun des Candidats du Gouvernement. Il doit même s'en défier, par la raison que tout Pouvoir tend au Despotisme, et que les hommes ont une inclination funeste à flatter le Pouvoir.

D. Les Citoyens ont-ils le droit de donner un mandat aux Députés?

R. La question n'est pas douteuse. En effet, le Peuple est le Souverain ; les Députés ne sont que nos procureurs fondés. Ainsi nous avons le droit de leur tracer ce que nous voulons qu'ils fassent pour nous.

Nous avons même le droit de les révoquer lorsqu'ils agissent contrairement à leur mandat et à nos intérêts.

Ce droit est une suite naturelle et logique de notre Souveraineté.

CHAPITRE V.

Des Magistrats et des Fonctionnaires publics.

D. Qu'est-ce qu'un Magistrat ?

R. C'est un homme préposé par le Peuple, soit pour rendre la justice, soit pour administrer au nom du Souverain.

D. Qui a le droit de nommer les Magistrats ?

R. Le Peuple lui seul, parce que lui seul les connaît, et que chacun a le droit de nommer ses Mandataires.

Il suit de là qu'il doit pouvoir les révoquer ou les destituer, en assemblée générale.

D. Les Magistrats doivent-ils être nommés à vie ?

R. Ce serait un contre-sens ridicule. Dans un État où tout est électif et transitoire, des Magistrats à vie seraient une anomalie; ils pourraient se vendre au Pouvoir et favoriser le Despotisme, pour s'y associer.

Ils pourraient à leur gré être injustes, arrogants, partiaux, remplis de caprices et de morgue, sans qu'on pût leur demander compte de leur conduite, et les en châtier.

D. Pour quel temps convient-il de nommer les Magistrats?

R. Pour deux ans au plus. Par là, chaque Magistrat cherchera à rester digne de la confiance du Peuple. Il s'instruira pour bien juger; il sera poli, affable envers tous, pour mériter l'affection de tous; il sera impartial, pour se faire respecter. Ses parents, ses amis, n'auront pas un droit exclusif à ses faveurs. Il saura qu'il peut n'être pas réélu, et il voudra, par une conduite sans reproches, éviter cet affront.

D. Convient-il qu'au sortir de sa charge le Magistrat rende compte de sa conduite?

R. C'était l'usage dans les Républiques de l'antiquité. Rien n'est plus propre à garantir le Magistrat de l'iniquité et de la morgue. Du reste, il n'est autre chose que le mandataire du Peuple, et tout mandataire doit un compte à son mandant.

Dans l'ancienne Égypte, le Peuple jugeait ses

Rois après leur mort : le Peuple Français peut bien juger ses magistrats à la fin de leurs fonctions. Si le Magistrat s'est fait respecter, il ne doit rien craindre. Ainsi, tout juge qui demanderait à rester inamovible prouverait qu'il redoute l'examen.

D. Convient-il de réduire le nombre des Fonctionnaires?

R. Ce serait une mesure très-sage. Une foule d'emplois sont complètement inutiles, surtout en matière d'impôts. Les frais de perception absorbent presque la moitié de la recette. De sorte que l'impôt conserve tout son odieux, et le Trésor fait de grandes pertes.

En matière d'Enregistrement, on devrait supprimer les Directeurs-Généraux, que l'on paie fort cher, et en charger un Secrétaire du Ministère des Finances, sous l'inspection du Ministre. On pourrait supprimer les fonctions d'Inspecteur ou celle de Vérificateur. On pourrait réunir les Hypothèques avec l'Enregistrement. On voit que le Gouvernement déchu ne cherchait pas l'économie, et qu'il ne voulait qu'augmenter ses créatures, acheter leurs consciences, et créer des *satisfaits*.

CHAPITRE VI.

Du Traitement des Fonctionnaires.

D. Qu'entendez-vous par traitement?

R. C'est l'argent que l'État paie tous les ans aux Fonctionnaires pour les dédommager des peines de leur
administration.

D. Quel doit être le traitement des Fonctionnaires?

R. Il doit être proportionné à l'importance de leurs
fonctions et aux fatigues qu'elles leur imposent.

D. Quelle est la division des Fonctionnaires?

R. En judiciaires et administratifs. Les premiers sont
les Juges des divers Tribunaux ; les autres sont les
Préfets, Sous-Préfets, Maires, et les Employés dans
les diverses administrations ou dans les finances.

D. Quel traitement devraient avoir les Membres de la
Cour de Cassation?

R. Les Présidents et Procureurs-Généraux, 6,000 fr.;
les Conseillers et Substituts, 4,000 fr.

D. Quel devrait être le traitement des Membres de
Cour d'Appel?

R. Les Présidents et Procureurs-Généraux, 3,600 fr.;
les Conseillers et Substituts, 2,400 fr.

D. Quel devrait être le traitement des Juges de première instance?

R. Celui des Présidents, Commissaires du Gouvernement et Substituts, 1,800 fr.

Celui des Juges, 1,500 fr. Cela suffit pour payer neuf heures d'audience par semaine. Ce qui revient à 9 fr. 60 c. pour chaque jour d'audience.

D. Quel doit être celui des Juges-de-Paix?

R. De 800 fr., avec honoraires pour les transports et vacations, ou bien de 1,200 fr., tout compris.

D. Ne serait-il pas convenable que plusieurs fonctions fussent gratuites?

R. Ce serait infiniment désirable. Mais tous les citoyens étant également appelés aux fonctions publiques, et tous n'étant pas riches, il faut une loi qui déclare que les Fonctionnaires qui paient 300 fr. d'impositions ne recevront aucun traitement. En effet, 300 fr. d'impôts supposent une fortune de près de 80,000 fr.

Il est même très-vraisemblable que beaucoup de Citoyens se présenteraient pour occuper gratuitement les fonctions de Préfet, de Sous-Préfet, et de Président de divers Tribunaux.

Cette diminution dans les traitements pourrait affaiblir l'ambition des places, et mettre un terme aux bassesses qu'on faisait pour les obtenir.

CHAPITRE VII.

Des Impôts.

D. Qu'est-qu'un Impôt?

R. On appelle Impôt les sommes exigées des Citoyens pour aider à soutenir les dépenses de l'Etat.

D. Comment divisez-vous les Impôts?

R. En Contributions directes et en Contributions indirectes.

D. Quels sont les Impôts directs?

R. Ceux qui reposent soit sur la Propriété, soit sur la Personne, soit sur les Transactions et Mutations; par exemple, le Foncier, le Mobilier, le Personnel, les Portes et Fenêtres, les Patentes, les Droits de Timbre, d'Enregistrement, d'Hypothèque, etc.

D. Quels sont les Impôts indirects?

R. Ceux qui ne reposent pas directement sur la Propriété, mais qui ont leur base dans la consommation ou le commerce. Tels sont : les Droits-Réunis, les Octrois, les Douanes, etc., etc.

D. Qui a le droit de voter l'Impôt?

R. Dans les Monarchies Absolues, c'est le Roi; dans les Gouvernements Représentatifs, ce sont les Chambres; dans les États Démocratiques, le Peuple *lui seul* a le droit de les voter. La raison en est simple :

c'est que le Peuple est le seul Souverain, et que *lui seul* peut s'imposer des lois.

Il suit de là que le Peuple a le droit évident de refuser le paiement de tout Impôt qu'il n'a pas voté, soit par lui, soit par ses Représentants *légalement* et *librement* élus. Jusques-là, tout est injuste et vexatoire.

D. Le Peuple a-t-il le droit d'insurrection contre une autorité despotique?

R. Sous le règne de Louis-Philippe, on disait et l'on écrivait que l'*insurrection était le plus saint des devoirs.* Ainsi on légitimait la Révolution de 1830.

Cette maxime est vraie quand il s'agit de résister à l'oppression. Le Peuple n'est pas un troupeau qui appartienne à des maîtres. Les chefs ne sont que ses mandataires et ses protecteurs. Quand le mandat est mal rempli, on le révoque ; quand la protection devient une *oppression*, un *esclavage*, on la brise.

D. Quel est le devoir de l'Armée dans les insurrections populaires?

R. Les Soldats sont des Citoyens; ils sont aussi membres du Souverain. En tirant sur le *Peuple*, ils mutilent le Corps dont ils sont membres; ils attentent à la Souveraineté populaire. Ils obéissent à des membres désavoués par le Corps, et qui se révoltent contre le Corps, qui est le Peuple. Les Soldats violent donc un droit sacré quand ils tirent sur le Peuple. Aussi l'on a comblé d'éloges les régiments de Paris qui, en 1830 et 1848, passèrent du côté du Peuple, au lieu de tirer sur lui (1).

D. En cas d'*émeute partielle*, qui n'a pas un *but politique*, quel est le devoir du Soldat?

R. Il découle de la question précédente. Si quelques hommes se réunissent pour attenter aux *Personnes* ou aux *Propriétés*, par l'assassinat ou le pillage, ce sont des membres qui attaquent le Corps, et qui voudraient le gangrener. Il faut les retrancher. Le devoir du Soldat, à qui le Corps a confié la force, est de l'employer pour repousser les *malfaiteurs*.

Du reste, quand le Peuple veut renverser un Gouvernement qui lui déplaît, il ne se révolte pas; il détruit son ouvrage, il *use* de son *droit*.

D. Quels sont les Impôts qu'il conviendrait de supprimer ou de réduire?

R. 1° Les Droits-Réunis, odieux par leur énormité; par la manière dont-on les exerce; par les procédures vexatoires qu'on y suit; par la *foi* accordée aux procès-verbaux; par les traitements énormes des Employés, surtout des Directeurs. Tandis que des Conseillers de Cours d'Appel n'ont que 3,000 fr., les Directeurs en ont près de 6,000, et le moindre Employé en a plus de 1,200.

(1) Cette opinion sera sans doute attaquée. Elle n'est pas, peut-être, celle de l'auteur comme homme; elle est du publiciste de 1848. Du reste, c'est l'inexorable logique des Révolutions!!!

2° Les Octrois devraient être fortement diminués. Le droit de fouille supprimé, comme vexatoire et dégradant. Les procès-verbaux ne feraient foi que jusqu'à preuve contraire.

3° Les Impôts directs, surtout le Timbre et l'Enregistrement, devraient être fortement diminués.

D. Quel serait le mode d'assiette de l'Impôt?

R. Il doit reposer sur la fortune *réelle*, c'est-à-dire sur la *Propriété*. Par suite, l'homme qui vend ses biens pour placer son argent, doit être imposé aussi dans la proportion de son revenu, puisque, d'ailleurs, il ne court *aucune chance* de cas fortuit ou de stérilité. Il doit en être de même de celui qui n'achète pas de Propriété et qui place ses Fonds. Mais, il faut bien prendre garde de tomber dans l'horrible despotisme de l'Impôt progressif, parce que l'arbitraire pourrait se glisser dans le mode d'imposition.

D. Qu'entendez-vous par Impôt progressif?

R. Celui qui consisterait à faire payer en *proportion* de la *fortune* présumée de chaque Citoyen, de manière que l'on pourrait attribuer à chacun la fortune qu'on voudrait, et l'accabler d'impôts. Il lui serait impossible de prouver qu'il *n'a pas*, parce qu'on ne peut établir un fait *négatif*.

Voilà où serait la source de l'arbitraire.

D. Qu'entendez-vous par Impôt *somptuaire?*

R. Ce mot signifie *dépense*. Cet Impôt ne frappe que sur les objets de luxe, comme chevaux, voitures, domestiques, meutes de chiens, etc., etc.

D. Convient-il d'établir cet Impôt ?

R. Il semble, d'abord, qu'il ne tombe que sur le riche; mais si on l'établissait, le riche diminuerait ses dépenses, renverrait deux, trois, quatre domestiques; il n'aurait qu'une voiture, ou pas du tout. Et cela retomberait sur le fabricant, sur le sellier, sur le corroyeur, sur le carrossier, le charron, le forgeron; enfin sur les domestiques renvoyés. Le luxe fait travailler les artistes et fleurir les arts.

CHAPITRE VIII.

Des Monopoles.

D. Qu'entendez-vous par Monopole ?

R. C'est un droit exclusif que s'arroge un Gouvernement au préjudice des Citoyens.

D. Quels sont les Monopoles les plus odieux ?

R. Celui des Tabacs; celui du Sel; celui de la Pêche fluviale, et surtout celui de l'Enseignement. Il conviendrait que chaque Citoyen pût cultiver, manipuler et vendre le Tabac, comme on le faisait après la première Révolution. Sans cela, on ne peut pas dire qu'il existe de Liberté, non plus que l'Égalité de droits.

Il en est de même du Sel, chose de première

nécessité. On peut fort bien se passer de Tabac, mais on ne peut se passer de Sel.

Sous le règne de Louis XVI, sous l'empire du Mo-nopole du Sel, cette denrée ne coûtait guère que 5 fr. l'hectolitre. Que l'on voie la progression qu'elle a suivie jusqu'à ce jour !

La liberté de la Pêche fournirait un travail lu-cratif aux débris de notre marine. Le consomma-teur gagnerait beaucoup à cette salutaire concur-rence.

D. Qu'entendez-vous par Monopole d'Enseignement?

R. C'est un droit que s'arroge le Gouvernement de présider seul à l'instruction de la jeunesse. Il ne communique ce privilège qu'à certains hommes de son choix; encore sont-ils obligés d'avoir un Certi-ficat de Capacité.

D. Quels sont les principaux abus de ce Monopole?

R. Ils sont des plus despotiques. 1° Un père ne peut confier à qui il veut l'éducation de ses enfants; il est obligé de les envoyer dans un collège de l'Uni-versité, ou autorisé par elle; 2° on ne peut ensei-gner que suivant les doctrines tracées par l'Univer-sité; on ne peut employer d'autres livres que ceux agréés par un Conseil universitaire; 3° il faut payer un droit considérable sous le titre de Rétribution Universitaire. L'homme le plus savant, fût-il doc-teur en droit ou en médecine, fût-il un poète aussi célèbre que Lamartine, fût-il savant comme Arago,

Thiers ou Dupin, n'aurait pas le droit d'enseigner sans obtenir un Brevet de *Capacité*, délivré après un examen qu'il serait forcé de subir.

D. Quel est le ridicule de ces institutions?

R. C'est que l'on ne peut enseigner à lire sans avoir un Brevet de Capacité, et qu'on peut sans ce Brevet être Ministre de l'Instruction publique. C'est ainsi qu'on peut affirmer qu'aucun des ministres sous Louis-Philippe n'a été Bachelier ès-lettres ou muni d'un Certificat de Capacité.

D. Quel était, sur ce point, le devoir du Gouvernement Provisoire?

R. Il avait pris la position d'un législateur. Il avait abrogé les lois sur la Presse, sur la Contrainte par Corps; il avait créé des Impôts : tout cela supposait plus de puissance que l'abrogation du Monopole de l'Enseignement.

Il devait restituer aux pères de famille le droit sacré que le Despotisme lui avait ravi. Il devait lui rendre cette sorte de sacerdoce domestique qu'il tient de Dieu même.

Il pouvait, s'il voulait, conserver son Université; mais il devait proclamer, pour tout le monde, la liberté d'Enseignement. Dans cette noble concurrence, les talents et le mérite l'auraient seuls emporté.

D. Convient-il que l'éducation soit gratuite pour les classes pauvres?

R. L'éducation étant, en soi, un bienfait, on ne doit pas en priver les classes pauvres. Il peut surgir de leur sein quelques grands talents, qui honoreront la Patrie.

Mais il est un écueil à éviter. Il serait impolitique d'appeler toutes les classes à une haute instruction. On arriverait au dédain des arts mécaniques, et surtout de l'agriculture, le premier de tous les arts. Nos campagnes se dépeupleraient. La France aurait beaucoup de savants; mais elle n'aurait ni un artisan, ni un laboureur.

D. Conviendrait-il que les instituteurs fussent payés par l'État?

R. Non. Ce serait un Monopole véritable, parce que l'Etat ne paierait que ceux qu'il *approuverait.* Cela supposerait un choix; ce choix admettrait des exclusions. Dès-lors, on aurait l'ancien Despotisme universitaire, sous la forme d'une liberté décevante, et la perfidie de plus. Car on conçoit que la République ne pourrait pas payer tous ceux qui se feraient instituteurs. Il serait très-sage de mettre ces Emplois au concours, jugé par le Conseil Municipal. Du reste, on ne pourrait enseigner que la lecture, l'écriture, et les éléments du calcul.

D. L'Etat a-t-il le droit de surveiller l'Instruction publique?

R. Évidemment il a ce droit. L'éducation doit tendre à former des hommes probes, des mères respectables, et de bons Citoyens; on ne devrait donc pas tolérer l'instituteur qui professerait le mépris de la morale, de la Religion, ou des institutions sociales.

CHAPITRE IX.

Du Communisme.

D. Qu'entendez-vous par Communisme?

R. C'est la folie de quelques hommes qui voudraient que tous les Biens fussent dans le domaine de l'État, et qu'il n'y eût point de Propriété particulière.

D. Le Communisme moderne est-il la même chose que la Loi Agraire?

R. Non. Celle-ci consisterait dans un partage égal des terres entre tous les Citoyens, de manière qu'aucun Français n'aurait un centiare de terre de plus qu'un autre. Les Romains repoussèrent constamment cette loi. En France, la Convention elle-même décréta la peine de mort contre celui qui la proposerait.

D. Quels seraient les inconvénients du Communisme?

R. Ils seraient presque innombrables. Il suffira de retracer les principaux. 1° Ils briseraient le droit sacré de la Propriété, qui, malgré l'opinion de quelques publicistes, est aussi ancien que le monde; 2° il rendrait l'Homme indifférent au travail, et ne ferait que des paresseux, 3° le fainéant serait placé dans les mêmes conditions que l'homme diligent et actif; l'ignorant, au même rang que l'homme instruit : de sorte que ce serait le travail qui nourrirait la paresse; 4° il n'y aurait plus de fortunes particulières; les Ouvriers ne trouveraient personne qui fît confectionner des ouvrages de prix, et ils resteraient constamment dans la pauvreté; 5° la dissolution de la Propriété finirait tôt ou tard par entraîner celle de la Famille, et, par une conséquence infaillible, celle de l'État ; 6° les Français ne pourraient point se résoudre à mettre en commun leurs Propriétés, à être absorbés, nourris par l'État. Ils ne pourraient point consentir à se voir privés désormais du droit de succéder à ses père et mère et à ses parents.

Telles seraient les principales conséquences de cette ridicule utopie appelée Communisme, malgré qu'il ait à sa tête un homme très-recommandable par son savoir et ses vertus. La France a pu se convaincre de la réprobation presque universelle qui a accueilli partout la proposition du Communisme, et les criminelles tentatives de ses sectateurs.

CHAPITRE X.

Du Travail et de son Organisation.

D. Quelle est l'importance de cette organisation?

R. Elle est immense, parce qu'elle influe puissamment sur le sort des classes et sur la tranquillité de l'État. Il importe de s'occuper des travailleurs, mais il faut aussi respecter les propriétaires, et ne pas leur imposer des sacrifices forcés. On ne peut forcer un Citoyen à faire travailler malgré lui. On ne peut le rendre responsable de l'absence de travail.

D. Quel est le mode le plus convenable d'organisation?

R. Un homme, dont le nom est devenu trop célèbre, avait conçue l'idée des Ateliers Nationaux. Mais il entendait que tout le travail fût en commun; que tous les travailleurs eussent une position égale, et qu'ils fussent payés par l'État. Par cet ordre, l'État aurait été le Maître ou le Patron, et tous les arti-sans, tous les artistes, tous les travailleurs, n'au-raient été que les *Ouvriers*.

D. Quels sont les inconvénients de ce mode?

R. 1° D'abord le ridicule de voir l'État avoir le Mono-pole des Commandes et de tous les travaux; 2° le défaut d'émulation, suite du défaut de concurrence: par conséquent les Arts n'auraient pas fait de progrès; 3° la Paresse aurait résulté d'un pareil état de choses; 4° le paresseux et l'ouvrier ignorant auraient droit à un égal salaire : ce qui serait à la fois injuste et révoltant. Ce système tuerait l'industrie.

Que faudrait-il faire pour résoudre cette grande question?

R. Il faudrait que le Gouvernement rétablît d'abord la confiance publique; qu'il réduisît les traitements trop élevés, et les mît en rapport avec les travaux et les peines des Fonctionnaires. Il faudrait qu'il fît ouvrir de grands travaux dans toute la France, et surtout aux approches de l'hiver.

D. Pourquoi ne pas les ouvrir pendant toute l'année?

R. 1° Dans l'intérêt de l'Agriculture, parce que les ouvriers de la campagne préféreraient toujours le travail des villes, qui est moins pénible; 2° l'intérêt des petits propriétaires, à qui les travailleurs feraient une loi trop dure, comme *l'expérience l'a démontré.*

D. En quoi devraient consister les grands travaux?

R. L'État devrait consacrer tous les ans un tiers de ses revenus : 1° à la canalisation de tous les fleuves et rivières navigables ou flottables, au dessèchement des étangs, des marais pestilentiels, au reboisement de nos montagnes, dans l'intérêt de l'Agriculture et de la salubrité.

D. En quoi ce reboisement est-il profitable?

R. Les grands arbres attirent et fixent les vapeurs et

l'humidité de l'atmosphère : par là ils produisent les sources abondantes, lesquelles fécondent nos campagnes, surtout nos prairies. Les forêts abritent les plaines contre les vents du nord, et, par suite, activent la végétation. Enfin, il est prouvé par la physique et la chimie que les arbres assainissent l'atmosphère.

D. A quels autres travaux devrait-il se livrer?

R. A planter de mûriers toutes les grandes routes, et les bords de nos canaux. Ces arbres donneraient à l'État, au bout de quinze ans, un revenu immense, près de 15 fr. par arbre. De plus, ils encourageraient l'industrie séricicole. Par ce moyen, nos grandes manufactures n'auraient pas besoin de l'Étranger; la soie serait à un bas prix parmi nous, et nous pourrions exporter dans les pays du Nord. Au lieu de cela, nous plantons nos grandes routes d'arbres stériles, et la France est tributaire de la Chine et des Indes pour 65 millions.

L'État devrait encore supprimer, peu à peu, mais équitablement, quelques grandes mécaniques dans les grandes villes manufacturières; supprimer le hallage par les bêtes de somme, pour occuper nos marins; rendre la pêche libre, pour occuper une infinité de familles. Par cet ordre, une foule de bras inoccupés seraient rendus au travail.

D. Quelles sont les causes du malaise qui afflige en ce moment les classes ouvrières?

R. Il y en a plusieurs : 1° l'avènement de la République elle-même, parce que toute grande commotion politique est suivie de pertubation ; 2° l'incertitude qui accompagne toujours les changements politiques, et fait concevoir des craintes souvent exagérées, mais quelquefois trop fondées ; 3° l'agitation des classes ouvrières, qui n'ont pas été assez sages pour savoir attendre ; les troubles de Limoges, de Bordeaux, de tant d'autres villes ; enfin, les troubles récents de Paris (1). Tout cela fait supposer des tendances criminelles dans quelques hommes influents. Cela fait craindre des révoltes, des émeutes, des pillages, et renverse toute sécurité ; 4° l'impôt sur les créances, qui aura pour résultat, ou bien de faire retirer les capitaux de la circulation, ou bien de faire mettre l'Impôt à la charge de l'emprunteur, et aggraver sa position ; 5° le taux de l'intérêt, en ce moment trop élevé, dans un pays agricole ; 6° l'élévation énorme de nos Impôts est écrasante, et nulle Propriété ne rapporte net à son propriétaire au-delà de 3 à 4 p. 0/0. Ainsi, le capitaliste ruine l'emprunteur, l'État écrase le propriétaire, et, par suite, le travailleur s'en ressent.

Si le Peuple était calme, les capitaux, retirés à la hâte, rentreraient dans la circulation, et le travail y gagnerait infailliblement.

(1) L'auteur écrivait ces lignes deux mois avant le 24 Juin.

D. Quels seraient les autres moyens de prospérité publique?

R. En premier lieu, empêcher l'importation des marchandises anglaises, qui tue nos manufactures. La République ne doit pas imiter ce lâche despote qui était bassement aux genoux de l'Angleterre ; en second lieu, empêcher l'exportation de nos céréales, car il est démontré que notre sol ne produit pas assez, année commune, pour la subsistance de toute la population, qui est aujourd'hui de près de 35 millions ; en troisième lieu, l'État devrait établir des Greniers d'Abondance, pour venir au secours du Peuple dans les années de disette, et maintenir *toujours* le bled à un prix uniforme. Ainsi, on préviendrait les horribles spéculations des accapareurs, qui entassent le bled pour le faire *disparaître*, et le vendre ensuite jusques à 38 fr. l'hectolitre. On sent que nul travailleur, que nul consommateur, qui ne récolte point, ne pourra vivre quand le bled sera à ce prix.

Par l'établissement de ces Greniers, tous les Propriétaires seront assurés de vendre leurs récoltes, soit au consommateur, soit au commerce, soit à l'État.

Afin que toutes ces mesures fussent efficaces, il faudrait diminuer beaucoup les impôts, parce que le propriétaire ayant moins à payer, exigerait moins pour la vente ; et il y aurait compensation, et la classe qui ne recueille pas vivrait plus aisément.

Mais l'élévation de tous les Impôts sous Philippe, l'augmentation des 45, centimes que l'Assemblée Nationale a fait l'immense faute de consacrer, tout rend plus pénible la position du propriétaire, et, par suite, celle du consommateur.

D. L'Assemblée avait-elle le droit de créer cet impôt?

R. Il est permis d'en douter. La France l'avait envoyée pour régler *la forme de son Gouvernement;* pour *donner* ou refuser *son adhésion* au Gouvernement Républicain, proclamé sur les barricades de Février; pour consacrer ou repousser la brillante conquête de la Garde Nationale et de la saine population de Paris. Mais encore, son *mandat* n'était pas de créer des Impôts; car chaque candidat avait promis de les diminuer. L'Assemblée, malgré ses bonnes intentions, a compromis la République, au nom de laquelle on avait promis tant de bonheur. Elle a aggravé la position du propriétaire, déjà surchargé.

Accoutumés aux déceptions de Louis-Philippe, qui avait promis un Gouvernement à *bon marché,* les Français ont eu le droit de se défier d'un début aussi alarmant.... L'Assemblée a fait craindre que la République ne marchât sur les traces de Philippe, qu'il n'y eût de changé que quelques hommes, et non un système abhorré.

Cependant la loi existe : respect à la loi!

CHAPITRE XI.

De la Famille.

D. Qu'entendez-vous par Famille?

R. Dans un sens large, ce mot comprend tous les individus issus d'un même sang. Ici, il ne comprend que le père, la mère, leurs enfants et leurs descendants. — La réunion des Familles forme l'État, qu'on appelle, en Politique, la Grande Famille.

D. Quelle est l'importance des mœurs de la Famille?

R. Ces mœurs influant puissamment sur l'État, il importe qu'elles soient pures, et dirigées vers l'amour du bien public. Il est impossible que l'État ait la moindre morale quand les Familles n'ont point de mœurs. Un État pareil ne peut long-temps subsister.

D. Quelle doit être, dans la Famille, la condition de la femme?

R. Dieu ne l'a pas faite pour dominer par la force. Elle doit régner par sa douceur, par ses grâces, par ses vertus. L'homme doit la chérir comme une compagne, comme un être qui est une partie de lui-même. L'homme fut fait de terre; la femme fut faite de l'homme, déjà parfait.

Dieu lui a donné la sainte mission de perpétuer la Famille, dont le dépôt est dans son sein. Elle est le premier instituteur de nos enfants; elle recueille leurs premières douleurs, mais aussi leurs premières caresses, et la voilà payée : tout est oublié! Elle leur donne les premiers principes de morale, en leur faisant balbutier les premières prières. La première, elle exerce cet auguste sacerdoce de la nature !

Plus sensible, plus aimante que l'homme, elle concentre sur la Famille toutes ses affections. Sa puissance d'amour est sans bornes; elle chérit son époux, adore ses enfants, aime tout ce qui souffre. Si la femme n'est ni épouse ni mère, elle se fait un époux et des enfants, car il faut qu'elle aime : elle soigne les pauvres et les infirmes. Voyez les filles de Saint-Vincent-de-Paul!!!

D. Les lois doivent-elles régler les devoirs des époux respectivement à la femme?

R. Oui. Si l'homme ne trouve pas dans la Religion et dans son cœur ce sentiment d'affection et de protection pour sa femme, la loi doit intervenir. Le Législateur, organe de la Grande Famille, doit protéger la faiblesse contre la force, la douceur contre la brutalité. Il doit punir l'époux qui bat son épouse plus sévèrement, parce que cet homme a violé plus de devoirs. Il a avili sa compagne; il a blessé ses enfants; il a outragé la Religion, la nature et les bonnes mœurs!!!

D. Qu'est-ce que la Puissance paternelle?

R. Le droit que la loi accorde au père sur la personne et les biens de ses enfants.

Ce droit n'est pas accordé à la femme durant la vie du père, parce qu'il est dans la nature qu'un Chef unique gouverne partout. Sans cela, il n'y aurait que désordre dans les Familles et anarchie dans les États. C'est pour cela que si la République est le Gouvernement le plus séduisant, la Monarchie est le plus solide, le plus rationnel.

D. Quelle doit être l'étendue de la Puissance paternelle?

R. Dans toutes les Républiques elle a été presque sans bornes. A Rome, le fils et tous les descendants étaient en la puissance du père jusqu'à l'émancipation. Ce dernier jouissait de tous leurs biens, sauf de cette partie appelée PÉCULE. C'était un bien acquis ou dans la milice ou dans le barreau.

D. Quel était l'avantage de cette étendue de puissance paternelle?

R. Le père restait toujours le Chef unique de la Famille. Ainsi, il y maintenait l'ancienne discipline; les anciennes mœurs de Rome ne s'altéraient pas. Le pouvoir de déshériter les enfants était une arme dans la main des pères. Les fils étaient plus respectueux; et un bon fils est toujours bon père et bon Citoyen.

Tout Législateur profond reconnaîtra une grande partie des maux des États dans le relâchement de la discipline domestique.

On n'a pas calculé que le nombre des parricides

doit avoir augmenté depuis que les enfants ont la hideuse habitude de tutoyer leur père et mère.... Quand le respect est disparu, la familiarité lui succède, bientôt l'insolence, ensuite le mépris. Aussi, voyez notre jeune génération!!!

Du moment où les enfants ont ri de la malédiction paternelle, tout a été perdu!!!

Et cependant, elle s'accomplit, cette malédiction!!!

D. Le Divorce convient-il dans les Républiques?

R. Il était admis à Athènes. Rome avait le Divorce et la Répudiation. La France admit le Divorce après sa première Révolution, et jusques sous l'Empire. La Restauration l'anéantit.

Il semble que nôs mœurs le repoussent; et cependant, il est souvent un triste remède aux maux domestiques.... Combien de victimes d'un hymen mal assorti soupirent après le moment de leur délivrance! combien de fois le poignard ou le poison accusent l'imprévoyance du Législateur! Un mari assez adroitement scélérat pour maltraiter sa femme sans témoins, pourra opprimer impunément sa victime, ou la faire mourir de faim, si elle le fuit sans la permission d'un Président.

La Séparation de Corps a tous les inconvénients, tous les scandales du Divorce. Elle laisse vivre tous les supplices d'une union abhorrée. Elle a, de plus que le Divorce, cette affreuse présomption de paternité.

Enfin, si le Divorce semble réclamé par le déplorable état des mœurs, il est repoussé par la loi religieuse, qui le proscrit. Mais il est un inconvénient : c'est qu'il y a, en France, des cultes qui l'admettent.

CHAPITRE XII.

De la Religion.

D. Qu'est-ce qu'une Religion?

R. C'est le culte rendu à Dieu. Ce sont les règles, les principes, les dogmes, la discipline de ce culte.

D. Quelle est son importance?

R. La Religion donne toutes les vertus. Elle unit tous les hommes, dont elle fait une seule Famille. Elle enseigne aux enfants leurs devoirs envers leur père; aux époux, leurs devoirs entre eux; aux Citoyens, leurs devoirs envers le Souverain. En enseignant les vertus privées, elle forme les mœurs publiques : ainsi, elle est le plus ferme appui des États.

D. Quelle fut, sur ce point, la politique des anciens Législateurs?

R. Romulus plaça Rome sous la protection de Jupiter; Numa prétendit tenir ses lois de la nymphe Égérie. Paris, chaque ville et chaque village de France, sont sous la protection d'un saint.

D. Qu'entendez-vous par *Religion* de l'État?

R. Celle que l'État reconnaît comme la sienne ; celle qui est regardée comme la dominante. Cependant, cela n'exclut nullement la tolérance et la protection pour les autres cultes. La Religion catholique, apostolique et romaine a toujours été en France, jusqu'à 1793, la Religion de l'État. Alors, les anarchistes commencèrent par renverser l'Autel, et puis, renversèrent le Trône.

Avis à ceux qui oseraient porter la main sur le culte de nos pères !

D. Quelle doit être dans les États la condition du Clergé?

R. Il doit être respecté dans toutes les communions, parce que toutes prêchent la morale. On doit l'entourer de considération ; sans quoi il ne peut faire le bien qu'on attend de lui. Les hommes passent facilement du mépris pour les Ministres au mépris pour la Religion.

D. Convient-il que les Ministres du culte reçoivent un traitement de l'État?

R. Oui. 1° cela les rattache à l'État ; 2° il importe que l'Église soit dans l'État, car nous naissons *Citoyens* avant que d'être *Chrétiens* ; 3° dans l'état actuel des idées religieuses, perverties par trois Révolutions, peu de Paroisses voudraient payer dignement leurs Pasteurs, et l'enfance manquerait de son premier aliment, l'instruction religieuse, qui fait de bons Chrétiens, par conséquent de bons Citoyens.

D. Quel doit être le traitement du Clergé?

R. Il faut reconnaître que le Haut Clergé est trop rétribué. Les Curés et les Vicaires ne le sont pas assez. Un Juge emploie environ six heures de la semaine, et il reçoit jusqu'à 3,000 fr. Le Prêtre, le Ministre, parcourent leurs Paroisses, visitent les pauvres, les malades, leur inspirent la résignation, et laissent toujours une aumône sur le lit de douleur! Pendant que le Magistrat repose, le Ministre de Dieu foule les boues, les neiges, les glaces, pour aller administrer un mourant. La nuit n'est pas même pour lui le temps du repos.

Un Curé de campagne devrait avoir, au moins, 1,800 fr. de l'État. Alors, les sépultures ordinaires seraient gratuites. Les Familles resteraient maîtresses d'y apporter, à leurs frais, plus ou moins d'éclat et de solennité.

D. Les Ministres des autres cultes ont-ils droit à un traitement?

R. Comme le catholique romain, le protestant prêche la morale; comme lui, il prêche l'Évangile, qui est un code divin. Il concourt aussi au bien de l'État. La tolérance est une *vertu* avant que d'être une *politique....* Quelle audace à l'homme de vouloir interdire ce que Dieu permet! Quelle est la Religion de l'Europe qui ne commande pas la morale et la charité? Toute Religion qui admet une rédemption par *le Christ,* qui admet le dogme consolant et terrible des récompenses et du châtiment, est une Religion sublime. Quant aux points de dissidence, ils ne sont pas dans le domaine de la Politique. Ils ne sont justiciables que de la Théologie.

Pour nous, séculiers, adorons Dieu, respectons notre culte, aimons la Patrie et faisons le bien !

FIN.